Caillou

prépare une surprise

Adaptation : Éditions Chouette
Texte de Joceline Sanschagrin, tiré du dessin animé
Illustrations : CINAR Animation

Ce matin-là en se réveillant, Caillou trouve la maison plus tranquille que d'habitude. Où sont donc papa et maman?

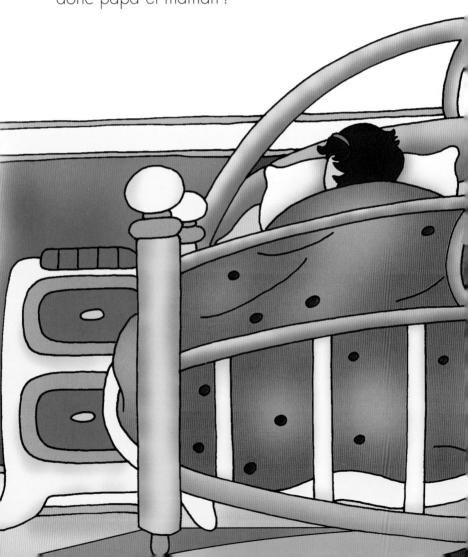

Caillou entre doucement dans la chambre de ses parents. Ils dorment encore.

Caillou retourne dans sa chambre sur la pointe des pieds. Par la fenêtre, il aperçoit une famille de merles. La maman est en train de nourrir ses oisillons. Ils sont affamés. Alors Caillou a une idée.

–Je vais préparer le petit-déjeuner pour toute la famille. Ce sera une surprise !

Fier de son idée, Caillou s'en va à la cuisine.
En passant près de la chambre de Mousseline,
il l'entend chantonner.

– Bonjour, Mousseline ! Viens avec moi. Je vais
préparer un petit-déjeuner surprise pour toute la
famille, annonce Caillou.

Caillou n'arrive pas à ouvrir le réfrigérateur.
Il décide de tirer une chaise pour grimper.

Cou-unnnn ! fait la chaise en glissant sur le plancher. Caillou tend l'oreille pour savoir si ses parents sont réveillés.

–Tu veux du lait, Mousseline?
Pendant que Caillou verse du lait à sa sœur,
Gilbert arrive en miaulant.
–Et toi, Gilbert? Tu as faim?

Caillou fouille dans l'armoire et en sort une grosse boîte de nourriture pour chats. Il penche la boîte et les croquettes tombent tout d'un coup.

– Oups ! fait Caillou.

Caillou dépose la vaisselle sur la table plutôt
brusquement. Klang! Caillou grimace, il a fait
beaucoup de bruit.
Papa et maman sont réveillés.
–Quel était ce drôle de bruit? demande maman.
–Caillou? appelle papa.

Caillou court à la chambre de ses parents.

– Tout va bien ? s'informe maman.

– Chut ! c'est une surprise ! répond Caillou.

Maintenant que papa et maman sont réveillés,

Caillou doit se dépêcher. Il verse du jus d'orange

dans les verres.

Oups ! Il en a versé un peu à côté.

Que va-t-il servir pour le petit-déjeuner ?
— Maman aime les céréales, se rappelle Caillou.
Il monte sur une chaise et remplit un bol de
flocons d'avoine. Oups ! Ça déborde encore.
— Des brioches ! Papa raffole des brioches !
Caillou dépose une grosse brioche dans l'assiette
de papa.

Caillou sursaute en apercevant sa mère dans l'entrée de la cuisine.
—Pas tout de suite! Je n'ai pas encore terminé!
Pour que la surprise soit parfaite, Caillou ne doit rien oublier.

−Vous pouvez entrer, maintenant! crie Caillou.
Souriants, papa et maman entrent dans la cuisine.
−C'est une surprise, explique Caillou.

– Quelle bonne idée tu as eue ! s'exclame maman.
Mes céréales favorites sont déjà servies !
– Et cette brioche semble délicieuse ! ajoute papa.

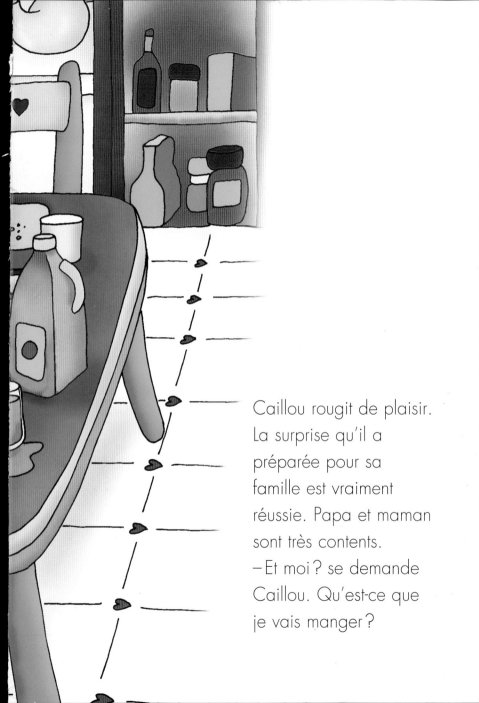

Caillou rougit de plaisir.
La surprise qu'il a
préparée pour sa
famille est vraiment
réussie. Papa et maman
sont très contents.
– Et moi? se demande
Caillou. Qu'est-ce que
je vais manger?

Texte : adaptation du texte de Joceline Sanschagrin, d'après la série d'animation CAILLOU,
produite par Divertissement Cookie Jar inc. (© 1997 Productions CINAR (2004) inc., filiale de
Divertissement Cookie Jar inc.).
Tous droits réservés.
Scénario original : Rick Jones
Illustrations : tirées de la série télévisée CAILLOU et adaptées par
Les Studios de la Souris Mécanique
Direction artistique : Monique Dupras

Catalogage avant publication de Bibliothèque et Archives nationales du Québec et
Bibliothèque et Archives Canada

Sanschagrin, Joceline, 1950-
Caillou prépare une surprise
Nouv. éd.
(Collection Sac à Dos)
Pour enfants de 3 ans et plus.

ISBN 978-2-89450-695-0

1. Petits déjeuners - Ouvrages pour la jeunesse. 2. Autonomie (Psychologie) -
Ouvrages pour la jeunesse. I. Titre. II. Collection..

TX733.S26 2008   j641.5'2   C2008-940928-0

Nous reconnaissons l'aide financière du gouvernement du Canada (Programme d'aide au
développement de l'industrie de l'édition (PADIÉ)) et du gouvernement du Québec (Programme
de crédit d'impôt pour l'édition de livres (Gestion Sodec)) pour nos activités d'édition.

Imprimé en Chine
10 9 8 7 6 5 4 3 2 1